Dinâmicas e jogos
para aulas de idiomas

Dados Internacionais de Catalogação na Publicação (CIP)
(Câmara Brasileira do Livro, SP, Brasil)

Silva, Solimar
  Dinâmicas e jogos para aulas de idiomas / Solimar Silva. 2. ed. – Petrópolis, RJ : Vozes, 2013.

  6ª reimpressão, 2024.

  ISBN 978-85-326-4283-7

  1. Dinâmica de grupo 2. Jogos educativos 3. Línguas – Estudo e ensino 4. Ludopedagogia I. Título.

11-12613   CDD-371.397

Índices para catálogo sistemático:
1. Idiomas : Jogos em grupo : Métodos de ensino :
   Educação   371.397
2. Idiomas : Ludopedagogia : Educação   371.397

Solimar Silva

Dinâmicas e jogos para aulas de idiomas

EDITORA VOZES

Petrópolis

© 2012, Editora Vozes Ltda.
Rua Frei Luís, 100
25689-900 Petrópolis, RJ
www.vozes.com.br
Brasil

Todos os direitos reservados. Nenhuma parte desta obra poderá ser reproduzida ou transmitida por qualquer forma e/ou quaisquer meios (eletrônico ou mecânico, incluindo fotocópia e gravação) ou arquivada em qualquer sistema ou banco de dados sem permissão escrita da editora.

CONSELHO EDITORIAL

Diretor
Volney J. Berkenbrock

Editores
Aline dos Santos Carneiro
Edrian Josué Pasini
Marilac Loraine Oleniki
Welder Lancieri Marchini

Conselheiros
Elói Dionísio Piva
Francisco Morás
Gilberto Gonçalves Garcia
Ludovico Garmus
Teobaldo Heidemann

Secretário executivo
Leonardo A.R.T. dos Santos

PRODUÇÃO EDITORIAL

Aline L.R. de Barros
Marcelo Telles
Mirela de Oliveira
Otaviano M. Cunha
Rafael de Oliveira
Samuel Rezende
Vanessa Luz
Verônica M. Guedes

Conselho de projetos editoriais
Luísa Ramos M. Lorenzi
Natália França
Priscilla A.F. Alves

Editoração: Fernando Sergio Olivetti da Rocha
Diagramação: Victor Mauricio Bello
Capa: Aquarella Comunicação Integrada

ISBN 978-85-326-4283-7

Este livro foi composto e impresso pela Editora Vozes Ltda.

Dedicatória

A todos os professores que, apesar da pilha de trabalhos para corrigir, testes para elaborar, diários para preencher, relatórios por fazer e aulas para preparar, sempre buscam algo criativo, divertido, estimulante para fazer seus alunos aprenderem melhor.

Sumário

Apresentação, 11
A vez do sarau de poesias, 13
A vida do meu ídolo, 14
Adivinha quem é?, 15
Álbum de fotos, 17
Árvore genealógica, 19
Atrações turísticas guiadas, 21
Aumentando a história, 22
Batata quente, 24
Bingo, 26
Boa-noite no telejornal, 27
Bola de papel, 29
Como é que se faz?, 31
Concurso de canto, 33
Concurso de oratória, 34
Conhecimentos gerais, 35
Dando direções, 36
Defesa e acusação, 38
Desfile de moda, 39
Discurso! Discurso!, 40
Discutindo letra de música, 42
Dramatização, 43
É dia de feira, 45

É hora de colar!, 46
É hora dos provérbios, 47
Encontre alguém que..., 49
Entrevistando, 51
Esquetes!?, 53
Estratégias de aprendizagem, 55
Faça mímica, 57
Hoje eu sou o professor, 58
Ídolos, 59
Jogo da velha, 60
Jogos, 62
Linha da vida, 63
Mandala, 64
Mão na massa!, 65
Marketing, 67
Maus hábitos, boas soluções, 68
Mostre e conte, 69
Mudando o fim..., 71
Notícia da hora, 72
Novela, 73
O conselheiro, 74
O papo é o passeio, 75
O que vi na internet, 76
Pergunta jornalística, 77
Presente da natureza, 78
Profissão repórter, 79

Seis verbos, seis ações, 80
Show de talentos, 81
Situações reais, 83
Sua vida é uma novela?, 84
Survey, 85
Tal livro, tal filme?, 87
Um país ou uma celebração, 88
Vamos ao debate?, 89
Vamos às compras, 91
Vez do *chef*, 92

Apresentação

Lecionando várias disciplinas em curso de formação de professores de língua estrangeira ou ministrando cursos e palestras a professores que já atuam no mercado de idiomas, tenho constatado um apelo constante de material que sirva de orientação rápida para a elaboração de atividades que foquem o aprimoramento da oralidade dos alunos de línguas.

O material que os professores buscam refere-se a dinâmicas com as quais o professor pode criar uma atmosfera lúdica, espontânea e contextualizada, a fim de que seus alunos façam produções orais mais significativas para melhorarem sua fluência.

Às vezes os professores são acusados de quererem "receitas" prontas. Contudo, que mal há em uma cozinheira, ainda que experiente, lançar mão deste ou daquele livro de receitas em sua cozinha? Com sua experiência, poderá adaptá-la, quer seja ao mudar a quantidade, inovar nos ingredientes, ou ao acrescentar seu toque pessoal à receita. As cozinheiras com menos experiência podem seguir a receita à risca e, depois, refletirem se o resultado foi satisfatório, se mudariam algo da próxima vez, e assim por diante.

O mesmo ocorre com este livro. As dinâmicas são receitas para momentos mais descontraídos, porém objetivando que o aluno pratique a fala sem inibição e através de contextos mais espontâneos, sempre com o apelo pedagógico que o professor deve ter em mente ao escolher esta ou aquela atividade. Afinal, caberá a ele decidir qual melhor se adapta à sua turma ou escola e refletir sobre os resultados alcançados, dando seu toque especial a cada jogo, brincadeira ou dinâmica aplicados.

Este livro tem como princípio norteador o ensino de línguas com base no aumento da competência linguística por meio do uso de variados gêneros discursivos e a premissa, a partir da visão vygotskyana, de que o conhecimento é construído na interação social.

Os objetivos deste livro são:

+ Servir de auxílio e recurso para o professor de língua estrangeira (embora algumas atividades também possam ser adaptadas para as aulas de língua materna) para:
    - preparar aulas mais atraentes;
    - dinamizar o ensino da habilidade oral;
    - tornar o tempo em aula mais divertido e proveitoso;
    - estimular a todos os alunos a usarem a LE estudada em um ambiente mais acolhedor.

+ Apresentar ideias simples e não dispendiosas que podem ser utilizadas a qualquer instante.

A vez do sarau de poesias

Nível: a partir do intermediário.
Idade: adolescentes e adultos.
Tempo: 30 minutos.

Recursos: poesias antigas e modernas, papel e caneta

Passo a passo:

Para se trabalhar a sonoridade dos poemas, tanto no que diz respeito às rimas, à fonética ou ao ritmo, pode-se propor um tempo para a leitura de poesias em voz alta na turma.
O professor pode levar as poesias fotocopiadas ou solicitar que cada aluno pesquise e leve uma poesia para a sala de aula.
O professor ajuda o aluno na pronúncia e ritmo da poesia.
Ainda, as duplas ou trios podem ser solicitados a produzir suas próprias poesias, mesmo que pequenas.

Ideias:

Na produção dos textos dos alunos, pode-se propor poesias sobre determinados assuntos ou sentimentos específicos e permitir consulta constante ao dicionário.

A vida do meu ídolo

Nível: todos (basta adaptar).
Idade: principalmente crianças e adolescentes.

Tempo: 30 minutos.
Recursos: revistas sobre celebridades.

Passo a passo:

Os alunos são convidados a apresentar fatos e curiosidade sobre seu artista favorito. Eles podem levar para a sala pôsteres, recortes de jornal etc. Cada aluno tem até um minuto (ou mais, se eles tiverem assunto) para apresentar a vida de seus ídolos.

Ideias:

Para os níveis mais básicos, adaptar a apresentação. Talvez, ao invés de cobrar frases elaboradas, solicitar tópicos como: nome, idade, nascimento, estado civil, coisas favoritas, signo etc.

Adivinha quem é?

Nível: básico.
Idade: adolescentes e adultos.
Tempo: de 15 a 20 minutos.
Recursos: nenhum.

 Passo a passo:

Coloque uma cadeira na frente da sala.
Uma pessoa pensa em alguém nacional ou internacionalmente famoso – vivo ou não – e escreve o nome em um pedaço de papel para o professor. Daí, ela senta na cadeira em frente à classe e passa a responder a perguntas cujas respostas sejam apenas *sim* ou *não*.
Exemplo: É homem? *Não*
         Ela é loira? É atriz?
Ganha "ponto" aquele que acertar quem é a pessoa famosa.
O jogo continua com outra pessoa ocupando a cadeira.

 Ideias:

É uma excelente atividade para se revisar vocabulário de descrição de pessoa, tanto no que se refere a características físicas como personalidade, bem como nacionalidades e profissões.

Além disso, há um site que pode ser indicado para os alunos treinarem esse tipo de perguntas de modo interessante. Um "gênio" adivinha em quem você está pensando em até 20 perguntas desse tipo – a diferença é que não é apenas de sim ou não, mas inclui respostas como "parcialmente correto", por exemplo. Para o inglês o site é o www.akinator.com Existem versões para várias línguas, inclusive o português.

Álbum de fotos

Nível: todos. *Tempo:* de 20 a 30 minutos.
Idade: todas. *Recursos:* fotos dos próprios alunos.

 Passo a passo:

O professor sugere que, na aula seguinte, os alunos levem à sala fotos de amigos, férias, infância – seja qual for o tema escolhido.

Daí, no dia marcado, cada aluno poderá montar um painel com suas fotos ou apenas mostrar o álbum que levou à sala. Ou, ainda, levar em pendrive as fotos (visto que hoje em dia muita gente arquiva suas fotos apenas digitalmente).

Então, o aluno conta por que aquelas fotos foram escolhidas, por que aquele momento foi memorável, que recordações trazem para ele.

 Ideias:

Os alunos de níveis mais básicos podem escrever legendas para suas fotos.

Outra sugestão, mais moderna e tecnológica, é fazer essa atividade utilizando fotos que os alunos têm em seus aparelhos celulares. Eles podem fazer a dinâmica em pares e depois podem contar para a turma sobre as fotos que conversaram.

Deste modo, os alunos serão levados a falar de modo mais significativo, visto que, se eles não souberem uma palavra para descrever as fotos, esforçar-se-ão em buscar como falar, a fim de comunicar algo que faz sentido para eles mesmos.

Árvore genealógica

Nível: todos. *Tempo:* 30 minutos.
Idade: todas. *Recursos:* papel e hidrocor; fotos (opcional).

 Passo a passo:

Nos níveis básicos sempre há uma lição cujo foco são as relações familiares. Para esses alunos basta pedir que desenhem sua árvore genealógica ou representem sua ancestralidade através de fotos – geralmente até os avós – escrevendo o nome da pessoa e o grau de parentesco em cada campo. Depois, cada aluno apresenta seu desenho e sua família: Este sou eu. Eu tenho X irmãos e Y irmãs. Meus pais são... e assim por diante.

O professor pode auxiliar com vocabulário extra, livro didático ou deixando que os alunos manuseiem dicionários. Sempre há alunos curiosos para aprender além do básico da lição, palavras como: madrasta, padrasto, enteada etc.

Os alunos dos níveis avançados podem ser incentivados a apresentar mais dados sobre seus familiares, tais como onde vivem/viviam, realizações etc.

 *Ideias:*

É possível apresentar uma versão de uma árvore genealógica para que o aluno complete. O único problema é que esses recursos podem não dar conta da diversidade familiar existente na vida de cada aluno.

Atrações turísticas guiadas

Nível: a partir do intermediário.
Idade: todas.

Tempo: variável.
Recursos: passeio.

 Passo a passo:

O professor leva a turma a atrações turísticas perto da escola de idiomas e combina com os alunos que os levará a algum ponto turístico e bancará o guia (no idioma estudado). Os alunos, por sua vez, nesse dia deverão apenas utilizar a língua estrangeira, inclusive para fazer alguma pergunta ao "guia" ou entre os colegas.

 Ideias:

Muitas vezes não temos exatamente atrações turísticas perto de onde moram ou estudam. Pode-se adaptar para visitas históricas ou mesmo culturais. O foco é que, nesse dia, o professor fará o papel de guia, utilizando o idioma estrangeiro.
Pode-se pedir que os alunos façam algum "relatório" do que aprenderam no passeio, logicamente também na língua estrangeira. Esse relato pode ser escrito ou, preferencialmente, falado!

Aumentando a história

Nível: básico.
Idade: crianças e adolescentes.
Tempo: 10 minutos.

Recursos: objetos/imagens cujos nomes tenham sido trabalhados ou apenas a memória dos alunos.

Passo a passo:

A turma é disposta em círculo e o professor inicia dizendo, na língua estudada: Eu fui à... (praia/Paris/uma festa etc.) e levei... (algo relacionado ao local). Daí, em sentido horário, os alunos precisam repetir toda a frase e acrescentar mais um objeto.

Esse objeto pode ser mostrado pelo professor ou simplesmente escolhido pelo aluno aleatoriamente. O aluno seguinte precisa repetir toda a frase anterior – a do professor, do outro aluno e acrescentar mais um objeto.

Desta maneira, as frases vão aumentando como: Eu fui à praia e levei protetor solar, meus amigos, refrigerante, sanduíche, dinheiro, documentos etc.

Ideias:

Ao invés de objetos, pode-se acrescentar verbos de ação – tanto presente, passado ou futuro, de acordo com o início da frase. Exemplo: Vou à praia e corro. Vou à praia , corro e ando de bicicleta. Vou à praia, corro, ando de bicicleta e jogo bola...

O ideal é que a turma não seja grande demais para a atividade não ficar cansativa nem difícil demais para o último participante, que terá o desafio de se lembrar da frase completa.

É interessante conceder alguma premiação ao último aluno ou quem se lembrar da frase completa. Pode ser algo bastante simbólico, como balas ou outros doces.

Batata quente

Nível: todos.
Idade: todas.
Tempo: de 20 a 30 minutos.

Recursos: música, estojo ou sacola ou qualquer objeto que sirva como "batata quente".

Passo a passo:

Este é um jogo bastante conhecido e fácil de se fazer em sala a qualquer momento, cobrindo vários objetivos, desde a sondagem, apresentação ou revisão de pontos gramaticais, vocabulário, estruturas, situações etc.
O professor explica o jogo e começa colocando uma música bastante animada, deixando com um dos alunos a "batata quente", isto é, um objeto que será passado de um aluno para outro enquanto a música toca. Daí, os alunos vão passando a "batata quente" de um para o outro, até que o professor pare a música e a pessoa que estiver segurando a "batata" tem que responder a alguma pergunta.

Ideias:

A "batata quente" pode ser um estojo ou sacola que contenha perguntas dentro. Quando a música parar, o aluno retira uma pergunta, lê em voz alta e responde ao que se pede.

Essa dinâmica serve para revisar conteúdos gramaticais (estruturas de frase, tempos verbais), vocabulário (sinônimos, antônimos, definições); sondar conhecimentos ou opiniões, enfim, o professor pode ser bastante criativo no que se refere ao que vai solicitar com a atividade.

Bingo

Nível: todos.
Idade: todas.
Tempo: 40 minutos.

Recursos: um jogo de bingo com cartelas (estas podem ser feitas pelo professor).

Passo a passo:

As cartelas criadas pelo professor podem abranger conteúdo trabalhado em sala previamente, como por exemplo: pronúncia – colocando-se nas cartelas palavras homônimas, o professor faz o ditado e o aluno marca adequadamente. Ganha aquele que conseguir preencher toda a cartela primeiro.

Ideias:

O professor deve plastificar as cartelas se desejar utilizá-las por mais tempo.
Os marcadores das palavras podem ser grãos (feijão, milho) ou botões.

Boa-noite no telejornal

Nível: todos, principalmente a partir do intermediário.
Idade: adolescentes e adultos.
Tempo: 30 minutos de preparação e cerca de 10 a 15 minutos de apresentação por grupo.

Recursos: mesa, cadeira e, se possível, filmadora. Detalhes ficam por conta da imaginação dos grupos.

Passo a passo:

A turma é dividida em grupos de quatro a seis pessoas. Distribui-se para cada grupo jornais e revistas na língua estudada, preferencialmente. Os alunos decidem quem será o âncora, os repórteres de rua, entrevistados e que notícias farão parte da pauta do telejornal.
Cada grupo tem até 15 minutos para apresentação das notícias escolhidas.

Ideias:

Pode-se sugerir a inserção de intervalo comercial – o que geralmente resulta em muitas gargalhadas!

Também os alunos podem escolher o tipo de telejornal que apresentarão: mais "sério", popular, sensacionalista.
O ideal seria filmar a apresentação para todos poderem ver o resultado dos trabalhos e fazer a autoavaliação.

Bola de papel

Nível: todos.
Idade: todas.
Tempo: de 20 a 30 minutos.

Recursos: várias folhas de papel (escritas) amassadas em camadas, formando uma grande bola.

Passo a passo:

É uma variação da batata quente, podendo ser jogada da mesma maneira. A diferença é que, quando a música parar, a pessoa segurando a bola de papel abre a primeira camada e lê a pergunta ou o que tem que ser feito. Depois que responde e o professor (ou mesmo a turma) indicam se está correto, a música toca novamente enquanto a bola é passada. O jogo termina quando acabam todas as camadas da bola de papel.

Ideias:

Os próprios alunos podem criar o "conteúdo" para o jogo. Pode-se distribuir folhas de papel para cada aluno ou grupo, de acordo com o tamanho da turma, e pedir que eles escrevam nelas o que desejamos trabalhar com a turma.

Por exemplo, em uma turma de iniciantes, pode-se pedir que escrevam o nome das cores na língua portuguesa, e quem estiver com a bola de papel na hora do jogo deverá dizer o nome daquela cor na língua estrangeira. Também os alunos podem escrever perguntas que serão respondidas também na hora do jogo.

Como é que se faz?

Nível: todos.
Idade: todas (principalmente adultos).

Tempo: de 3 a 10 minutos por aluno.
Recursos: nenhum.

 Passo a passo:

É muito mais fácil falar de um assunto que dominamos bem. Desta forma, a motivação para buscar vocabulário desconhecido é maior, pois vemos sentido no que vamos comunicar.

Os alunos podem ser convidados a ensinar uma habilidade que possuem ou que gostariam de dominar, tais como: falar em público, estratégias de aprendizagem de línguas, organizar o tempo etc.

O professor também pode dar o "tema" com antecedência ou deixar que os alunos preparem em sala sobre o que apresentarão. É interessante se eles puderem demonstrar enquanto falam, para facilitar o entendimento – em especial em turmas de níveis mais básicos.

O professor também pode estimular à turma a fazer perguntas, principalmente nos níveis mais avançados.

Ideias:

Uma outra versão é o professor levar uma pequena sacola na qual estejam vários papéis com as sugestões de tema, sempre iniciando com "Como..." Daí, pode dar uns 15 a 20 minutos para que os alunos preparem seu tema para apresentar em sala.

Concurso de canto

Nível: todos.　　***Tempo:*** 1 hora.
Idade: todas.　　***Recursos:*** letras de músicas, CDs, karaokês (videokês).

Passo a passo:

É possível fazer um karaokê ou concurso de canto mesmo dentro da sala de aula. Quando os alunos cantarem, podem ser avaliados de acordo com sua pronúncia, ritmo, entonação.

Ideias:

Também pode-se gravar as apresentações para que os alunos vejam sua própria performance e a própria turma votar no "melhor", de acordo com os critérios sugeridos previamente.

Concurso de oratória

Nível: a partir do intermediário. *Tempo:* 1 hora.
Idade: todas. *Recursos:* nenhum.

 Passo a passo:

Com antecedência o professor pode promover um concurso de oratória em sua turma. Os alunos se inscrevem e preparam discursos breves sobre tema livre – ou com tema determinado para todos os alunos.

No dia, uma banca composta por pelo menos dois professores da escola avaliam a performance do aluno, sua fluência na língua (dentro do nível em que ele está), o tema abordado e a profundidade com que foi abordado.

 Ideias:

É interessante que o aluno ganhe alguma premiação por meio desta tarefa, seja um troféu ou apenas um certificado. Falar em público é um dos grandes medos da humanidade. Imagine falar em público em língua estrangeira!

Conhecimentos gerais

Nível: todos.
Idade: todas.
Tempo: 30 minutos.

Recursos: jogo com uso de *slides* em apresentação tipo Power Point, preparado pelo próprio professor.

Passo a passo:

Para dinamizar a revisão ou fixação de vocabulário ou pontos gramaticais, ou simplesmente para exercitar o idioma, o professor pode criar perguntas com opções de respostas e usar em sala.

Pode-se dividir a turma em dois grupos ou escolher dois alunos por vez para responder às perguntas.

Ideias:

Pode-se trabalhar superlativos, capitais, história, rimas, vocabulário etc. ou simplesmente reunir perguntas de conhecimentos gerais e praticar a língua estrangeira através do jogo, mas sem a preocupação com algum ponto específico da matéria.

Dando direções

Nível: básico.
Idade: adolescentes e adultos.
Tempo: 30 minutos.

Recursos: as ruas adjacentes ao local de aula.

 Passo a passo:

Geralmente nos primeiros períodos de aprendizado de uma língua estrangeira existe alguma lição na qual o aluno aprende a orientar-se pela cidade, utilizando vocabulário como: *siga adiante, ande x blocos, vire à esquerda/direita, o museu fica ao lado do cinema, do lado oposto da praça*, e assim por diante.

Quando a língua estrangeira difere muito da língua materna, os alunos se sentem frustrados com tanta informação para memorizar.

Utilizar essas expressões em situações mais próximas do aluno facilita sua memorização, devido ao uso dentro de um contexto mais real.

Basta sair da sala de aula e perguntar onde fica a farmácia, supermercado ou como chegar a qualquer outro ponto de referência e seguir as direções dadas.

 *Ideias:*

Uma variação, especialmente quando não se tem permissão para sair com os alunos, é que eles busquem na internet mapas do entorno do local de aula ou de onde moram. Daí, com um marcador (tampa de caneta ou mesmo caroço de feijão!) um colega vai se locomovendo pelo mapa, até chegar a determinado estabelecimento, de acordo com as orientações recebidas pelo "dono" do mapa.

Defesa e acusação

Nível: a partir do intermediário.
Idade: adolescentes e adultos.

Tempo: 40 minutos.
Recursos: um tema polêmico.

Passo a passo:

O professor divide a turma em dois grupos. Um fará a defesa e o outro a acusação de um tema ou situação. Daí, ao se distribuir o tema, o professor dá um tempo para que os alunos elaborem a defesa (pontos positivos, favoráveis) e a acusação (pontos negativos, desfavoráveis) sobre aquele assunto.

Ideias:

Ao invés de tema, o professor pode optar por apresentar um estudo de caso igualmente polêmico.
Se a turma for grande, pode apresentar mais temas, sempre tendo um grupo a favor e outro contra.

Desfile de moda

Nível: básico.
Idade: especialmente adolescentes.
Tempo: de 30 a 60 minutos.

Recursos: roupas e acessórios variados levados pelos próprios alunos.

Passo a passo:

Toda aula de língua, no nível básico, apresenta vocabulário referente a vestuário e estações do ano. Uma boa maneira de fixar tanto vocabulário em pouco tempo é promover um desfile de moda na sala. As meninas costumam gostar bastante, mas os meninos, um pouco mais tímidos no início, também costumam se integrar bem na atividade.
Pode-se dividir a turma em grupos, e eles decidem como se revezar nos papéis de descrever o que o "modelo" está vestindo e em ser modelos. É importante que as informações detalhadas sejam dadas.
Por exemplo: É inverno e, portanto, faz muito frio. Então, a modelo está usando botas e calças pretas, casaco verde-claro e luvas e touca cinzas.

Ideias:

É interessante filmar a atuação dos alunos, para que eles possam assistir ao resultado de seu trabalho.

Discurso! Discurso!

Nível: adaptável a todos os níveis, porém mais proveitoso a partir do pré-intermediário.
Idade: principalmente adolescentes e adultos.

Tempo: de 5 a 15 minutos por aluno, de acordo com o nível da turma.
Recursos: distribuição prévia dos temas e material variável de acordo com a escolha do aluno.

Passo a passo:

Cada aluno recebe com adequada antecedência um tema, ou escolhe uma entre várias opções, e se prepara para discorrer sobre ele perante a turma. Os temas podem ser livres, polêmicos ou ser acerca de coisas que os alunos gostam. Podem ser sorteados, distribuídos aleatoriamente ou listados para que cada um escolha o que julgar melhor para si. Podem ser temas como: Legalização do aborto; Drogas; Preservação do meio ambiente; Como aprender mais; Ideias para ampliar o vocabulário no idioma estudado; Como ser bem-sucedido, e outras sugestões infinitas!

O aluno pesquisa sobre o assunto, escreve seu texto ou roteiro (o qual poderá ser revisado pelo professor) e, no dia de sua apresentação, ele discursa lendo o menos possível suas anotações.

Ideias:

Para turmas iniciantes o ideal é a sugestão de cada um levar para a sala de aula um objeto favorito (ou foto) e cada um fala cerca de um minuto acerca da importância desse objeto para si.

Discutindo letra de música

Nível: intermediário.
Idade: todas.

Tempo: 30 minutos.
Recursos: letra da canção escolhida.

 Passo a passo:

Há várias letras de música com conteúdo que pode gerar boa discussão em sala de aula a respeito de assuntos diversos: preconceito, guerra, educação, liberdade etc.
Pode-se ouvir a canção e extrair sua mensagem ou simplesmente buscar a opinião ou interpretação dos alunos. Muitas vezes, conhecemos a música, mas não prestamos atenção à letra ou não sabemos o contexto histórico-social que facilitaria a compreensão. Assim, essa é uma excelente atividade para estimular uma leitura mais profunda das letras escolhidas.

 Ideias:

Pode-se apenas ouvir a música e perguntar aos alunos sobre o que imaginam que a canção está tratando.

Dramatização

Nível: avançado, preferencialmente.
Idade: adolescentes e adultos.
Tempo: de 30 a 60 minutos.

Recursos: se possível, objetos e roupas para a caracterização dos personagens. Esse material pode ser produzido pelos próprios alunos.

Passo a passo:

Escolha ou deixe que os alunos escolham um filme ou livro a partir do qual dramatizarão trechos em sala de aula.

Os alunos podem se dividir em duplas, trios ou grupos, conforme a demanda da cena escolhida.

Eles devem receber a tarefa com tempo suficiente para treinar e memorizar suas falas – pelo menos o máximo possível.

No dia da apresentação pode-se optar passar o trecho dramatizado logo após a apresentação dos alunos para que se compare a produção final destes com o original na tela.

O professor pode avaliar pronúncia e entonação, mas, preferencialmente, trabalhar esses detalhes com a turma toda, depois de todas as apresentações. A não ser que o "erro" do aluno interfira completamente na compreensão.

Ideias:

Pode haver um concurso ou votação para escolher e premiar o melhor grupo. A premiação pode ser um pequeno troféu ou algum agrado mais original. Inclusive, se quiser caprichar, pode haver a apresentação do ganhador do Oscar. Adolescentes e crianças gostam dessa brincadeira.

É dia de feira

Nível: intermediário.
Idade: todas.
Tempo: de 30 a 40 minutos.

Recursos: materiais produzidos previamente pelos alunos.

 Passo a passo:

O professor agenda e organiza uma feira, a qual pode ter produtos reais ou apenas recortes de produtos encontrados em encartes de supermercados.
Cada aluno (ou dupla, grupo) organiza sua barraquinha e recebe os clientes. Os alunos compram e vendem os produtos utilizando vocabulário e estruturas previamente estudadas em sala de aula. O professor acompanha e dá suporte nos casos de maior necessidade.

 Ideias:

A feira pode ser de gêneros alimentícios, roupas e acessórios, carros etc., de acordo com o interesse da turma.

É hora de colar!

Nível: adaptável a todos os níveis.
Idade: qualquer.
Tempo: de 20 a 30 minutos.

Recursos: muitas revistas velhas (com gravuras), cola, tesoura, folhas de papel A4 ou A3, canetas hidrocor (opcional).

Passo a passo:

Escolha um tema para que os alunos desenvolvam suas colagens. Eles deverão procurar por imagens que correspondam ao tema dado e criar um cartaz com as gravuras retiradas das revistas.

Após cerca de 20 minutos, quando todos os cartazes estiverem prontos, cada aluno apresenta o seu cartaz, usando a língua estrangeira estudada e respondendo a possíveis perguntas do professor ou colegas da turma.

Ideias:

Vários tópicos podem ser abordados para a confecção da colagem. Alguns deles são: O que desejo para o futuro; Coisas que me preocupam; Hábitos saudáveis; Sonhos de consumo e por quê; Quando criança eu...; Quem sou eu?

É hora dos provérbios

Nível: a partir do intermediário.
Idade: adolescentes e adultos.

Tempo: 5 minutos.
Recursos: os próprios provérbios.

 Passo a passo:

É possível que cada aluno ou grupo leve um provérbio e apresente à turma na língua estudada. Não toma muito tempo e pode ser utilizado em todas as aulas.
Os alunos podem ler o provérbio e explicar brevemente o que quer dizer.

 Ideias:

O próprio professor pode levar provérbios em cartazes, escritos no quadro ou projetados em aparelhos multimídia e iniciar a discussão sobre significado, usos e ensinamentos, se as pessoas concordam ou não com o ditado e por quê.
Por exemplo: "Água mole em pedra dura tanto bate até que fura".
O professor escreveria esse ditado ou seu equivalente na língua estrangeira estudada. Dependendo do nível da turma, pode

iniciar a discussão para entendimento do significado do ditado. Daí, pode provocar a discussão com a turma sobre persistência x obstinação ou teimosia ou pedir que os alunos contem episódios de suas vidas que ilustrem a validade do ditado.

Encontre alguém que...

Nível: a partir do intermediário.
Idade: adolescentes e adultos.
Tempo: 40 minutos.

Recursos: folha impressa contendo as informações que os alunos deverão buscar em sua turma.

Passo a passo:

O professor distribui uma folha impressa onde se lê "Encontre alguém que..." e, abaixo, duas colunas. Uma onde consta a informação que os alunos deverão buscar, circulando pela sala e conversando com os colegas, e outra com espaço para se escrever o nome (ou nomes) de quem se encaixa no que está sendo pedido.

Por exemplo, se a informação for para encontrar alguém que nasceu no mesmo mês que o entrevistador, o aluno deverá perguntar aos colegas (usando a língua estrangeira): "Quando é seu aniversário?" ou "Em que mês você nasceu", anotando o nome daqueles que tenham nascido no mesmo mês que ele.

Ideias:

Esta é uma atividade que incentiva os alunos saírem de seus lugares e circularem bastante pela sala. Assim, o ideal é que as cadeiras estejam dispostas em círculo ou de alguma forma que permita uma melhor interação entre todos da turma. Algumas sugestões para o formulário que completem a frase "Encontre alguém que...", podem ser:

- ...tenha a mesma altura que você;
- ...goste da mesma matéria;
- ...adore matemática;
- ...torça pelo time X;
- ...seja canhoto;
- ...estude (ou tenha estudado) na mesma escola que você;
- ...fale três idiomas;
- ...saiba cozinhar;
- ...more sozinho;
- ...curta a banda Y;
- ...escreva poesias;
- ...nasceu na mesma cidade que você;
- ...já tenha viajado para o exterior;
- ...tenha participado de algum programa de TV.

Entrevistando

Nível: a partir do intermediário.
Idade: adolescentes e adultos.
Tempo: 40 minutos de preparação e cerca de 10 minutos para apresentação.

Recursos: seleção de perguntas de acordo com o tipo de entrevista proposta.

Passo a passo:

O professor distribui uma folha contendo perguntas com o que pretende trabalhar (entrevista de emprego, por exemplo). Os alunos dão resposta por escrito, a fim de se prepararem para o tipo de vocabulário necessário, rever estruturas, treinar as respostas e checar com o professor qualquer dúvida, inclusive com relação à pronúncia. Depois, eles mesmos se revezam no papel de entrevistado/entrevistador.

O ideal é que eles respondam o mais naturalmente possível, sem recorrer tanto a suas anotações, as quais devem servir mais como roteiro e não um *script*.

O professor pode escolher aleatoriamente quem será o entrevistador e o entrevistado, além de mudar esses papéis a qualquer momento, no instante da apresentação para toda a turma.

Ideias:

Além de entrevista de emprego, pode-se optar por entrevistas a celebridades; ou mesmo a pessoas comuns, sobre algum tema da atualidade.

Algumas sugestões para a entrevista de emprego:

- Como sua experiência e formação qualificam-no para o trabalho?
- Por que você deveria ser contratado?
- Qual sua melhor virtude e pior defeito?
- O que sabe sobre a nossa empresa?
- Por que escolheu trabalhar nesta empresa?
- Onde você se vê daqui a cinco anos?

Esquetes!?

Nível: todos. *Tempo:* de 30 a 60 minutos.
Idade: todas. *Recursos:* imaginação dos alunos.

 Passo a passo:

Muitas vezes apresentamos uma unidade ao aluno, trabalhamos os diálogos apresentados no livro didático e, com cronograma apertado, seguimos adiante sem dar tempo para que os alunos internalizem estruturas, funções ou mesmo vocabulário. Na abordagem comunicativa o aprendizado deve acontecer de forma contextualizada. Assim, uma preciosa ajuda pode vir das esquetes, que têm como característica servir a todos os níveis e assuntos.

Em uma turma de nível elementar podemos mostrar situações variadas em que eles usem o vocabulário aprendido: apresentações, saudações, soletração de nomes, anotar número de telefones, dizer objetos escolares etc.

Por exemplo, os alunos podem ser solicitados a utilizar determinado grupo de palavras aprendidas e estruturas gramaticais em situações como: viagem de ônibus, em uma festa, no escritório etc.

O trabalho é feito em grupo, o qual decide como será o *script* da esquete e apresentam posteriormente para a turma, usando a criatividade para dar conta de comunicar o ambiente em que estão.

Ideias:

As esquetes funcionam muito bem para revisão de assuntos trabalhados e, por ser uma atividade geralmente feita em grupo, auxilia na interação da turma, além de dar mais significado ao que foi estudado, por estar em um contexto criado pelos próprios alunos.

Estratégias de aprendizagem

Nível: todos.　　*Tempo:* 40 minutos.
Idade: todos.　　*Recursos:* nenhum.

 Passo a passo:

Os alunos podem fazer um tipo de feira em que cada um irá compartilhar as estratégias de aprendizagem que utilizam para fixar vocabulário novo, memorizam estruturas etc.
Eles podem fazer isso de forma sistematizada, por meio de apresentações em cartazes, *slides*, filmes ou outros recursos que ilustrem sua forma de aprender.
É importante que eles se sintam à vontade para a apresentação. Para isso, o aluno pode treinar previamente sua fala com o professor. Além disso, o espaço deve ser organizado de forma tal que todos consigam falar e ser entendidos, inclusive para responder as perguntas que os "visitantes" façam.

 Ideias:

Os alunos podem ser incentivados a criar uma votação para as melhores estratégias sugeridas na feira.

Ainda, pode-se marcar algumas semanas depois para que as pessoas digam quais estratégias diferentes das suas utilizaram e o que acharam da sugestão para o aprendizado da língua.

Faça mímica

Nível: todos.   *Tempo:* 10 minutos.
Idade: todas.   *Recursos:* frases escritas.

 Passo a passo:

Divide-se a turma em grupos. Um representante de cada grupo recebe um papel com uma palavra ou frase escrita. Daí, ele vai à frente da classe e faz mímica para que seus colegas adivinhem o conteúdo do papel.
Não acertando, passa-se a oportunidade para o grupo seguinte adivinhar e ganhar pontos.

 Ideias:

Uma variação interessante é que as palavras ou frases sejam escritas pelos próprios alunos. Depois, sorteia-se ou pega-se cada papel aleatoriamente para que os alunos façam mímicas da mensagem. Também pode-se usar imagens, ao invés do papel impresso.

Hoje eu sou o professor

Nível: a partir do intermediário.
Idade: adolescentes e adultos.

Tempo: 15 minutos por aluno.
Recursos: todos utilizados habitualmente em sala de aula.

Passo a passo:

Todos os alunos são encorajados a escolher um tema, seja um ponto gramatical, um gênero discursivo, uma habilidade específica etc. para que ele possa fazer uma miniaula de 15 minutos, a fim de apresentar o que sabe sobre aquele determinado assunto escolhido.

Ideias:

Essa atividade pode funcionar como revisão que o professor faria, porém utilizando o conhecimento dos próprios alunos em sala.

Ídolos

Nível: básico.
Idade: todas (principalmente adolescentes).

Tempo: 3 minutos por aluno.
Recursos: papel, recortes de revistas, tesoura, cola.

 Passo a passo:

Leve para a sala revistas das "celebridades" do momento. Distribua papel, cola e tesoura e peça que os alunos façam um cartaz de seu ídolo (cantor, ator, jogador de futebol etc.) e que descrevam brevemente a pessoa – tanto os aspectos físicos, biográficos e traços de personalidade.
Depois, cada aluno fala de seu ídolo, pregando o recorte/cartaz no mural.

 Ideia:

A turma pode tentar adivinhar quem é o personagem a partir da descrição feita.
Os alunos podem fazer essa atividade em casa e apenas a apresentação em sala de aula.

Jogo da velha

Nível: todos. *Tempo:* de 15 a 25 minutos.
Idade: todas. *Recursos:* quadro, giz (ou caneta hidrocor).

 Passo a passo:

O professor prepara perguntas, numerando-as previamente. Desenha no quadro o jogo da velha, numerando cada quadro de 1 a 9. Divide a turma em dois grupos e começa o jogo ao decidir no par ou ímpar o grupo que iniciará respondendo. Acertando, coloca-se um X ou 0 no número correspondente àquele grupo. Se responder errado dá chance para o outro grupo responder e marcar o ponto. Ganha o grupo que, assim como no jogo da velha simples, conseguir preencher três casas horizontais, verticais ou diagonais.

 Ideias:

Esse jogo serve tanto para revisão de conteúdo gramatical (vocabulário, estrutura etc.) como para que cada aluno ou grupo fale sobre determinado tópico por alguns segundos. O professor pode, ao dividir o jogo da velha, estipular um tema para cada um dos nove quadros (ou mais temas, se pretender jogar mais de uma partida).

Os temas podem ser bastante variados e pedir habilidades linguísticas distintas. Pode-se começar com verbos, tais como: *explique, dê um exemplo, defenda, acuse, cite três argumentos*.

Com o avanço da tecnologia o professor pode preparar o jogo no computador e projetar em sala de aula por meio de *datashow*. Por fim, no lugar do tradicional X ou 0, pode-se usar gravuras ou, melhor, a foto da equipe.

Jogos

Nível: todos.
Idade: todas.
Tempo: 40 minutos.
Recursos: jogos de tabuleiro, dados, "casinhas".

 Passo a passo:

O próprio professor pode criar as perguntas, embaralhando-as nas "casinhas". Podem ser assuntos diversos, incluindo não apenas pontos gramaticais, mas principalmente situações contextualizadas que exijam que o aluno se comunique efetivamente.
O professor disponibiliza cópia para grupos. Ao jogarem, os alunos têm a oportunidade de falar, de ouvir e se expressar na língua estudada.

 Ideias:

Se o jogo parecer muito fácil o professor pode reduzir o tempo. No entanto, convém que cada grupo consiga terminar pelo menos um ciclo.
Após o jogo pode-se abrir uma plenária, durante a qual os alunos discutem o que julgaram interessante no jogo.

Linha da vida

Nível: intermediário.
Idade: principalmente adultos.

Tempo: 30 minutos.
Recursos: papel, caneta, hidrocor.

 Passo a passo:

O professor distribui papel e caneta hidrocor aos alunos e solicita que eles façam sua linha da vida, contendo cinco a dez eventos mais marcantes e escrevendo apenas o ano e uma ou duas palavras-chave relacionadas a esse evento. Depois, cada aluno apresenta sua linha da vida, falando com detalhes sobre cada evento.

 Ideias:

O professor pode ilustrar como a atividade deve ser feita, demonstrando no quadro a sua própria linha da vida, logicamente incluindo mais do que o exemplo abaixo busca ilustrar:

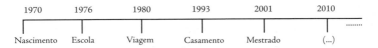

Mandala

Nível: todos (principalmente a partir do intermediário).
Idade: todas.

Tempo: 45 minutos.
Recursos: cópia de uma mandala desenhada, lápis de cor, música de fundo (opcional).

 Passo a passo:

Os alunos recebem um tempo para colorir a mandala e buscar concentração. Devem prestar atenção na escolha das cores e que ideias e sentimentos tiveram ao escolher determinada cor.

Depois, os alunos fazem uma exposição de suas mandalas, comentando o porquê de suas escolhas, que sentimentos e ideias surgiram enquanto realizavam a atividade.

 Ideias:

Se o professor preferir, pode usar qualquer outra gravura para o aluno colorir ou mesmo entregar uma folha em branco para desenharem e colorirem. O ideal é que ele possa explicar as escolhas que fez, compartilhar ideias e sentimentos e perceber a gama de possibilidades de combinação de cores (e/ou formas) a partir de um início comum a todos.

Mão na massa!

Nível: qualquer um, dependendo da atividade solicitada pelo professor.
Idade: qualquer.

Tempo: de 10 a 20 minutos para a confecção e mais 1 minuto para cada aluno apresentar sua produção.
Recursos: massa para modelar (colorida); CD com músicas para soltar a imaginação.

 Passo a passo:

A princípio os alunos, principalmente adultos, vão estranhar trabalhar com massinha em plena aula de idiomas. Talvez até se questionem como essa tarefa está relacionada ao aprimoramento da fala. Contudo, a proposta é exatamente liberar a criatividade do aluno para que ele tenha – e muito – sobre o que falar.

Apresente as massinhas coloridas e proponha uma atividade em que os alunos façam algo que os represente ou *um sonho de consumo*, por exemplo. Coloque música relaxante, distribua as massas e deixe a criatividade deles fluir à vontade. O aluno representa esse tema por meio da criação com a massinha e, enquanto trabalha na tarefa proposta, prepara-se mentalmente para falar acerca de sua produção para toda a turma por, no máximo, 1 minuto. No final, costumam surgir verdadeiras obras de arte. Dá até pena pedir que desmanchem.

Após o tempo determinado – 10 a 15 minutos aproximadamente – cada aluno apresenta para a turma o que fez e por que o produto final o representa, se tiver sido essa a proposta. O professor ou os colegas podem fazer mais perguntas de aprofundamento, sempre utilizando a língua estudada.

A vantagem dessa dinâmica é que o aluno fica muito mais relaxado para falar, sem a pressão do tempo e sobre o que falar de improviso. Além disso, como o resultado costuma ser bastante divertido com as "obras de arte" expostas, o clima fica bastante propício para a interação.

Ideias:

Os alunos podem fazer atividades variadas usando massa de modelar, de acordo com os tópicos de uma lição. Por exemplo: algo que represente sua personalidade ou como o aluno se vê como estudante; família, atividades prediletas, sonhos e planos etc.

Marketing

Nível: a partir do intermediário.
Idade: adolescentes e adultos.
Tempo: de 30 a 50 minutos.

Recursos: revistas velhas, tesoura, cola, canetinha, papel.

Passo a passo:

Os alunos são desafiados a criar um produto, propaganda e *slogan* a ser veiculado em um canal televisivo. Este produto não precisa ser factível, podendo ser criados produtos imaginários, contanto que eles utilizem a língua materna.

Ideias:

O professor também pode levar para a sala de aula objetos comuns, usados em nosso dia a dia, e propor que os alunos estabeleçam diferentes usos de suas finalidades tradicionais cotidianas.

Os alunos também podem elaborar vídeos de suas "propagandas" e postarem no YouTube.

Maus hábitos, boas soluções

Nível: todos.
Idade: todas.
Tempo: 20 minutos.
Recursos: papéis com os maus hábitos escritos na língua estrangeira.

Passo a passo:

O professor propõe uma atividade em grupo, duplas ou mesmo individualmente, na qual os participantes lerão um mau hábito que o professor afixará no quadro e deverão elaborar uma boa e prática solução para o caso.
Os grupos podem escrever a resposta para afixá-la ao lado do mau hábito, mas também devem oralizar essa resposta.

Ideias:

Alguns "maus hábitos": procrastinar, fofocar, acordar tarde, chegar atrasado, irritar-se à toa etc.
Os alunos podem dar respostas criativas e engraçadas, mesmo que não passíveis de aplicação prática, só pela diversão do exercício.

Mostre e conte

Nível: todos.
Idade: todas.
Tempo: 5 minutos por aluno.
Recursos: objetos escolhidos pelos próprios alunos.

Passo a passo:

O professor propõe uma data determinada na qual todos os alunos levarão um objeto favorito (ou foto) para a sala de aula e se apresentarão para a turma, contando o motivo da escolha do objeto, o que é, suas características, importância etc.
Essa atividade é especialmente interessante para os alunos dos níveis elementares, cujo vocabulário costuma ser ainda restrito. No entanto, pode ser adaptado para todos os níveis, contanto que os alunos não se limitem a apresentação básica, mas sim que utilizem mais expressões e contem detalhadamente sobre o objeto escolhido e preparem apresentações mais bem estruturadas.

Ideias:

Outra sugestão é que os alunos mostrem e contem seus sonhos de consumo. Eles podem escolher um determinado bem que ainda não possuem e mostrar gravuras, impressas ou na internet, descrevendo o produto, suas funcionalidades e relevância para suas vidas.

Mudando o fim...

Nível: a partir do intermediário.
Idade: todas.

Tempo: cerca de 30 minutos.
Recursos: livro ou filme.

Passo a passo:

O professor pode propor a leitura de determinado livro por toda a turma ou levar o filme para que a classe o assista.
Após trabalhar o assunto abordado, debater a obra etc., pode propor aos grupos uma releitura da obra com a transformação do final da história.
Os alunos escrevem um trecho final e, depois, leem para a turma sua versão.

Ideias:

Os alunos podem receber auxílio do professor durante a frase descrita da versão do final imaginado pelo grupo.

Notícia da hora

Nível: intermediário para cima.
Idade: adultos, preferencialmente.
Tempo: 20 minutos.

Recursos: manchetes de jornais na língua estrangeira ou materna (impresso ou online).

Passo a passo:

Reservar um tempo no início de cada aula para comentar e debater as principais notícias da semana (atividade feita na língua estudada).
O professor pode auxiliar com vocabulário prévio ou durante a conversa.

Ideias:

Segmentar notícias de acordo com faixa etária ou características do grupo.

Novela

Nível: a partir do intermediário.
Idade: adolescentes e adultos.
Tempo: 40 minutos.

Recursos: um tema polêmico, absurdo ou engraçado.

 Passo a passo:

O professor propõe, com antecedência, um tema para a novela, a fim de que os grupos organizem a trama e o *script*. Eles podem filmar os "capítulos" – preferencialmente com início, meio e final da trama – para apresentação na turma.

 Ideias:

O professor pode determinar, por exemplo, o tipo de novela. Se brasileira ou estrangeira; novela de época ou atual, para público adolescente etc.
O mais engraçado são as formas caricatas que surgem (ainda que esses nossos atores saiam, apareçam) com o papel das falas nas mãos em algumas partes das filmagens.

O conselheiro

Nível: intermediário-avançado.
Idade: adultos.

Tempo: 30 minutos.
Recursos: papel e caneta.

Passo a passo:

O professor distribui papéis em branco e solicita que o aluno escreva um problema para o qual necessite de ajuda ou conselho para resolver, como aquela seção de revistas em que o leitor expõe a dúvida e um especialista responde. Podem ser conselhos financeiros, emocionais, de saúde, para a carreira etc. Depois, pode-se ler problemas e soluções em voz alta.

Ideias:

Um aluno escreve o problema e, depois, os papéis são distribuídos para que outro escreva a solução.
O professor também pode trazer impresso o "problema" e todos os alunos dão as possíveis soluções. Ou traz vários problemas impressos e distribui um para cada aluno.
Pode-se aproveitar e usar o material para pregar a parte escrita.

O papo é o passeio

Nível: avançado.
Idade: adolescentes/adultos.
Tempo: 30 minutos.
Recursos: um passeio com a turma.

Passo a passo:

Muitas escolas organizam passeios culturais com seus alunos, seja para museus, exposições e passeios ou atividades culturais diversas.
O retorno pode render muito assunto e aprendizado de novas palavras, enquanto a turma relata o que fez, como foi o passeio, quais foram as coisas mais divertidas ou curiosas, ou mesmo as mais chatas.

Ideia:

O professor pode engajar a turma toda nesse bate-papo, buscando a participação dos mais quietos.
Pode também dividir a turma em pares e dar a cada dupla um assunto para discutir: as fofocas, descrição do lugar, avaliação da atividade etc.

O que vi na internet

Nível: todos.
Idade: todas.
Tempo: 40 minutos.

Recursos: laboratório de informática com acesso à internet.

Passo a passo:

O professor propõe uma visita ao laboratório de informática por 20 minutos. Durante esse tempo, os alunos exploram sites de seu interesse e, ao voltar para a sala, relatarão o que leram, viram, aprenderam. Um site interessante e com informações breves sobre variados assuntos é o...

Ideias:

O professor pode sugerir um tema ou partir de um interesse do aluno. Ainda pode dar sugestões de sites que deverão ser visitados. Um site interessante e com informações breves sobre variados assuntos é o www.quiki.com/
É bom que a escola tenha filtros contra sites de conteúdos duvidosos ou inadequados.

Pergunta jornalística

Nível: básico.
Idade: todas.

Tempo: 20 minutos.
Recursos: nenhum.

 Passo a passo:

Dispor a turma em círculo.
Perguntar que palavras um jornalista deve usar para entrevistar alguém, a fim de saber informações sobre o ocorrido (O quê? Quem? Quando/Onde? Como?). Relembrar essas palavras na língua estudada.
O jogo das perguntas "jornalísticas" começa com um aluno perguntando. O outro responde. Daí, esse faz a pergunta para o seguinte, e assim por diante.

 Ideias:

O professor pode criar situações e, assim, restringir as respostas a essas situações.

Presente da natureza

Nível: todos.
Idade: todas.
Tempo: 15 minutos.
Recursos: objetos fora da sala de aula.

 Passo a passo:

Pedir que os alunos saiam de sala e busquem alguma coisa encontrada na natureza (folha, pedra, flor, pétala, uma pena de pássaro caída no chão etc.)
Ao retornar eles devem presentear alguém da sala com o objeto encontrado e dizendo por que aquele objeto o fez lembrar daquela pessoa.

 Ideia:

Fazer o sorteio do amigo oculto antes de os alunos saírem da sala. Assim eles podem ter em mente o que escolher de antemão.

Profissão repórter

Nível: avançado.
Idade: adolescentes e adultos.

Tempo: 5 minutos por aluno.
Recursos: próprios dos alunos.

Passo a passo:

Os alunos recebem a tarefa de realizar uma "reportagem" sobre algo que os interesse ou acerca de seu bairro, por exemplo. Eles podem filmar com máquina digital ou celular, recursos bastante disponíveis nos dias de hoje.
É bom orientá-los a seguir um roteiro preestabelecido para a reportagem ficar mais organizada.

Ideias:

Ao invés de apresentar todos de uma só vez, pode-se organizar apresentações ao longo do semestre. A atividade pode ser usada como período de aquecimento para uma nova aula.

Seis verbos, seis ações

Nível: todos.
Idade: todas.
Tempo: de 15 a 20 minutos.
Recursos: dado especial, comprado ou confeccionado pelo professor.

Passo a passo:

O professor pode comprar ou criar dois dados que contenham em um seis verbos e em outro seis ações, sendo um de cada lado. Este dado pode ser de papel, plástico, pano etc. O aluno joga os dados e o que cair é o que ele deverá criar uma frase completa ou um contexto no qual o verbo e a ação possam ser inseridos.

Ideias:

Ao invés dos dados, o professor pode propor que a turma escreva em tiras de papel os verbos e as ações. Cada um pode ir para uma caixa. O aluno se levanta e retira de cada caixa um verbo e uma ação para criar sua frase.

Show de talentos

Nível: todos.
Idade: crianças e adolescentes.
Tempo: 1 hora (e semanas de preparação).

Recursos: espaço, microfone, filmadora (se possível) e muita animação dos alunos!

 Passo a passo:

O professor (ou grupo de professores) pode organizar um *show* de talentos na escola, no qual todas as apresentações serão feitas no idioma estrangeiro estudado.

Primeiro, uma data oficial deve ser marcada e o período de inscrições aberto. Daí, o professor incentiva todos os alunos, mesmo os mais tímidos, a participar. É necessário ajudar em ensaios, revisão de textos etc. para os alunos se sentirem mais seguros. Também é bom que haja um roteiro de programação e um "mestre de cerimônias" para a data do *show*. Este pode ser um aluno ou professor.

Se julgar mais interessante, pode haver uma competição das melhores apresentações, com direito a medalha ou troféu.

O evento costuma ser memorável.

 *Ideias:*

É interessante convidar familiares ou amigos para o evento. Nas peças, esquetes ou apresentações mais detalhadas, pode-se incluir a tradução ou resumo para os convidados que não saibam o idioma estrangeiro.

Algumas categorias que podem ser incluídas: dança (aceitando-se os níveis mais básicos nesta categoria); canto, piadas, esquetes etc.

Situações reais

Nível: a partir do intermediário.
Idade: principalmente adultos.
Tempo: de 20 a 30 minutos.

Recursos: modelo de diálogos para situações cotidianas.

 Passo a passo:

Os alunos adultos geralmente têm pressa em utilizar o idioma para fins específicos, mesmo estando matriculados em um curso regular. Vez por outra, a aula pode ser mais interessante se perceberem o quanto já progrediram e que já podem se comunicar em dadas situações.
Desta forma, alguns diálogos podem ser úteis para se internalizar algumas expressões-chave, seja em situações como restaurante, pedindo táxi, fazendo compras, ou outras.

 Ideias:

No restaurante, no hospital, na alfândega, no hotel etc.

Sua vida é uma novela?

Nível: a partir do intermediário.
Idade: todas.

Tempo: 1 hora.
Recursos: filmadora

Passo a passo:

Os alunos são desafiados a produzir um filme, documentário ou novela, produzindo tudo: roteiro, direção, cenário etc. Marca-se uma data para apresentação de todos os trabalhos e premiação.

Ideias:

Pode-se pensar em apresentações menores, tais como comerciais, esquetes, piadas etc.
O professor pode marcar uma sessão com pipoca e refrigerante enquanto a turma assiste aos trabalhos.

Survey

Nível: a partir do intermediário.
Idade: adolescentes e adultos.

Tempo: preparação – uma semana, e no dia de 10 a 15 minutos por aluno.
Recursos: um tema polêmico.

Passo a passo:

É importante que os alunos sejam encorajados a verbalizar seus *puzzles* e como podem conectar suas questões com a questão maior fora de sala. Eles mesmos podem criar os questionários que abordem o que gostariam de descobrir e aplicar entre os colegas da turma ou em outras salas, conforme permissão para isso.

É bom que eles aprendam a levantar dados estatísticos e criar gráficos que mostrem esses dados.

Daí, eles podem criar pôsteres, relatórios, *slides* ou alguma outra forma por meio da qual possam comunicar a síntese da pesquisa feita.

Ideias:

Os questionários podem ser criados a partir do Google docs. O professor pode verificar primeiro se está tudo certo e os alunos enviam o link para e-mail uns dos outros ou de conhecidos. Uma ferramenta gratuita, simples e poderosa para coletar e trabalhar com dados.

Tal livro, tal filme?

Nível: a partir do intermediário.
Idade: adolescentes e adultos.

Tempo: 40 minutos.
Recursos: livro, filme.

Passo a passo:

O professor pede à turma para ler determinado livro. Depois da leitura, a turma toda pode assistir ao filme, a fim de comparar ambos e debater qual foi o melhor, discutir a questão da autoria – afinal, o filme teve o mesmo autor? Já é outra obra de arte? O filme foi como os alunos imaginaram a história ao ler o livro? Qual foi melhor e por quê?

Ideias:

Essa atividade também pode ser feita individualmente. Cada aluno apresentaria oralmente à turma um livro que leu e um filme a que tenha assistido, fazendo as comparações e observações listadas acima.

Um país ou uma celebração

Nível: a partir do intermediário.
Idade: todos.

Tempo: 30 minutos.
Recursos: pesquisas dos alunos.

 Passo a passo:

O professor propõe o desafio de ampliar os conhecimentos culturais acerca dos países que falam a língua estrangeira estudada.
Cada aluno ou grupo fica responsável por apresentar uma celebração típica ou fatos sobre determinado país para os demais da turma ou escola no idioma estudado.

 Ideias:

Ao se estudar inglês, por exemplo, pode-se escolher falar sobre 4 de julho, dia da independência dos Estados Unidos. O grupo pode falar dos fatos históricos e contar como é a celebração desse dia no país.

Vamos ao debate?

Nível: a partir do intermediário.
Idade: adolescentes e adultos.
Tempo: preparação – algumas aulas mais debate em aula, cerca de 1 hora.

Recursos: filmes ou trechos de livros ou filmes, podendo ser comerciais ou programas de TV.

Passo a passo:

Faz-se a leitura prévia do livro ou assiste-se ao filme a ser discutido no debate.

Os alunos devem ser orientados, por meio de um roteiro previamente definido, sobre o que devem observar para se preparar para o debate a ser feito posteriormente.

O professor cria um roteiro flexível para que o debate seja conduzido de maneira organizada e produtiva. Desta forma o professor pode estimular a participação dos alunos mais quietos e evita que haja o monopólio da palavra por parte de poucos alunos, além de incentivar a continuação da conversa a partir de perguntas, comparações, relembrando trechos etc.

Ideias:

Muito importante o preparo da aula tendo em mente o que será debatido. O professor precisa conhecer bem o material, seja livro ou filme, checando o vocabulário e os pormenores do assunto tratado na obra.

O professor pode criar um roteiro e entregar aos alunos antes da leitura/apresentação do vídeo, para que eles foquem suas atenções nos aspectos pretendidos. Pode ainda apenas fornecer uma pergunta-chave. Por exemplo, pode pedir que os alunos atentem para as diferenças no vestuário da época do filme para a sociedade atual. O professor pode ainda apresentar a obra e propor o debate de acordo com um roteiro elaborado, mas sem torná-lo acessível para o aluno.

O roteiro para o debate é parte importante da atividade, pois evita o improviso ou que o assunto se perca para outro tópico.

Vamos às compras?

Nível: básico, mas pode se utilizado como revisão/consolidação para outros níveis.

Idade: todas.
Tempo: de 30 a 60 minutos.
Recursos: nenhum.

Passo a passo:

Esta atividade funciona melhor em grupos pequenos, pois o professor pode dar atenção individualizada.
Podem ser escolhidos mercados, lojas, padarias etc., e o professor vai com o grupo e simulam situações de compra, em que o professor pode agir como o vendedor e, os alunos, compradores.

Ideia:

Uma variação é fazer a própria sala de aula se transformar em um mercado, utilizando-se recortes e produtos encontrados em encartes de supermercados.

Vez do *chef*

Nível: todos.
Idade: principalmente adolescentes.
Tempo: cerca de 10 minutos por aluno.

Recursos: se possível, uma cozinha com liquidificador, fogão e forno.

Passo a passo:

Pode-se marcar uma data especial em que os alunos vão compartilhar suas receitas (rápidas e fáceis) favoritas com os colegas. Eles precisam apresentar o passo a passo da receita enquanto fazem a iguaria, além de disponibilizar a receita escrita para os interessados.

Ideias:

Uma versão para onde a cozinha experimental seja uma ideia impossível é que todos tragam os pratos prontos e se posicionem na sala explicando os ingredientes e o "como fazer" para a turma.
Pode haver uma comissão julgadora – os próprios alunos – avaliando cada prato e dando notas. O vencedor pode receber algum prêmio simbólico.
Outra ideia é divulgar essas receitas no blog da turma.

COLEÇÃO PRATICANDO O BEM-ESTAR

Caderno de exercícios para superar as crises
Jacques de Coulon

Caderno de exercícios para aumentar a autoestima
Rosette Poletti, Barbara Dobbs

Caderno de exercícios para saber desapegar-se
Rosette Poletti, Barbara Dobbs

Caderno de exercícios para aprender a ser feliz
Yves-Alexandre Thalmann

Caderno de exercícios para descobrir seus talentos ocultos
Xavier Cornette de Saint Cyr

Caderno de exercícios de meditação no cotidiano
Marc de Smedt

Caderno de exercícios de inteligência emocional
Ilios Kotsou

Caderno de exercícios para ficar zen em um mundo agitado
Erik Pigani

Caderno de exercícios para cultivar a alegria de viver no cotidiano
Anne van Stappen

Caderno de exercícios para cuidar de si mesmo
Anne van Stappen

Caderno de exercícios para desacelerar quando tudo vai rápido demais
Erik Pigani

Caderno de exercícios de e dicas para fazer amigos e ampliar suas relações
Odile Lamourère